*Ce carnet appartient à :*

..........

Terminé de dessiner ses propres modèles sur des feuilles à petits carreaux ou des grilles carrées!

C'est une chance : désormais, on se professionnalise un peu, ami(e)s passionné(e)s de point Jacquard.

Grâce à votre carnet de créations et à ses grilles déjà texturées façon "point jersey", profitez maintenant d'un rendu visuel beaucoup plus fidèle à la réalité.

Alors n'hésitez surtout pas à reprendre vos anciens schémas maison préférés (effet "pixel"!) et à les recopier ici à côté de vos futures créations...

Suivez nos conseils et astuces pour exploiter au mieux votre carnet, et prenez plaisir à réaliser vous-même les pièces uniques qui vous rendent fièr(e) !

# Infos & Astuces

## REMPLISSAGE DE LA GRILLE :

........................

Afin de vous laisser un maximum de liberté,
les grilles ne sont pas numérotées
- *suffisamment de place vous à été laissée en marges afin de vous permettre de numéroter vos mailles & rangs en fonction de vos besoins* -
ainsi, vous avez le choix de remplir votre carnet :

- soit pour un ouvrage tricoté en jacquard de façon classique, en commençant **par le bas**

- soit pour un ouvrage tricoté en "topdown" c'est-à-dire en commençant **par le haut**

Choisissez simplement la colonne de jersey qui convient au sens de votre ouvrage :

*Mailles "descendantes"*
= Mon ouvrage va débuter par le bas

*Mailles "montantes"*
= Mon ouvrage va débuter par le haut

## FORMATS :

Plutôt pull ou mitaines aujourd'hui ?
Deux formats de grilles sont à votre disposition,
en fonction de la taille que vous désirez pour votre projet.

Au cas ou vous pensez ne pas avoir assez de place sur la grille pour représenter votre dessin, et que votre motif est symétrique, il vous suffit de ne créer que l'une de ses moitiés (l'autre moitié étant sont reflet !).

## NOTES :

Parce que votre prochain projet n'est pas seulement constitué d'un joli motif, la partie notes de votre carnet est là pour recueillir toutes les infos relatives qui vous seront utiles : choix de la laine - scotchez-y vos échantillons pour un petit effet "cahier de tendance" -, taille de vos aiguilles, instructions de montage, d'où provient votre idée...

**Et maintenant, il ne vous reste plus qu'à laisser place à votre inspiration :**
Remplissez, coloriez, tricotez et surtout n'hésitez pas à partager les créations dont vous êtes fièr(e)s avec nous
sur instagram : **@chuchoti.paris**
- ou simplement à nous faire un petit coucou... -

*enjoy!*

60

# Index

Projet  Pages

Printed in Poland
by Amazon Fulfillment
Poland Sp. z o.o., Wrocław